PETIT GUIDE POUR SE PROTÉGER DE L'INFLATION

Sommaire
Petit guide pour se protéger de l'inflation.
   Partie 1 – Comprendre quelques principes
      C'est quoi l'inflation ?
      Inflation monétaire et inflation importée

Histoire de l'inflation
L'inflation dans les années 2020
Partie 2 - Comment se préparer ?
Le budget
Les dépenses
Les revenus du travail
L'incertitude
Partie 3 – Comment agir ?
Comment agir sur les dépenses
Comment agir sur les dépenses indispensables
Les crédits hypothécaires
Les dépenses d'alimentation
Les dépenses de transport
Les dépenses d'énergie
Les dépenses de confort
Et si tout ça ne suffit pas ?
Et si vous envisagiez d'augmenter vos revenus ?
Comment gagner de l'argent avec l'inflation ?
Les revenus du capital et l'épargne
Conclusion

PARTIE 1 – COMPRENDRE QUELQUES PRINCIPES

C'EST QUOI L'INFLATION ?

L'inflation est une augmentation durable de l'ensemble des prix. Même si en période d'inflation, des prix peuvent baisser, on considère que si, en moyenne, les prix augmentent sur plusieurs trimestres, on a de l'inflation.

Vous avez compris que, malgré quelques courtes périodes de désinflation, vous vivez avec de l'inflation depuis votre naissance. Pourquoi alors s'inquiéter ? Le problème survient lorsque l'inflation devient trop forte. On considère qu'au-delà de 2% par an, l'inflation devient problématique.

Pourquoi ? Parce qu'une inflation importante signifie que la monnaie perd fortement de sa valeur. S'il faut EUR 110 aujourd'hui pour acheter ce qui coûtait EUR 100 le mois passé, c'est que l'argent perd trop vite de sa valeur. Dans ce cas, il faut éviter à tout prix de garder de l'argent. Outre la difficulté au quotidien de se débarrasser de son argent, si cela arrive, il n'y a plus d'intérêt à épargner. Sans épargne, plus d'investissement. Quand on en arrive à ce point-là, l'économie complète s'écroule jusqu'à l'arrivée d'une nouvelle monnaie.

Heureusement, nous n'en sommes pas là mais avec des taux qui avoisinent les 10% par an, il faut agir et se protéger. Cette remarque est valable quelque soit le patrimoine et les revenus de chacun. Quand on a du mal à boucler ses fins de mois et que le compte épargne est vide, chaque euro compte. Il en va de même pour les personnes ayant un peu d'épargne ou des patrimoines plus importants. Même si à un certain niveau, on ne compte pas l'euro près, chaque variation de quelques pourcents de son patrimoine ou de son pouvoir d'achat peut avoir un impact non négligeable.

C'est la raison qui m'a poussé à rédiger ce guide qui se veut facile à lire et accessible à tous.

INFLATION MONÉTAIRE ET INFLATION IMPORTÉE

L'inflation monétaire est lorsque la banque centrale émet trop d'argent. S'il y a trop d'argent en circulation, la monnaie vaut moins. Imaginons un petit village gaulois vivant en autarcie. S'il y a 1000 pièces d'or dans tout le village, les gens commercent avec ces 1000 pièces. Si les pêcheurs ramènent 1000 poissons et que c'est tout ce qu'il y a à acheter, les villageois seront prêt à débourser 1 pièce d'or par poisson. Imaginons qu'un aventurier du village reviennent de l'extérieur avec 1000 nouvelles pièces d'or et les distribue à tout le monde. Cela fera doubler la masse monétaire du village. Les villageois seront prêts à acheter plus de poissons pour nourrir leur chat, faire de nouvelles préparations, etc. Pourtant les pêcheurs continueront à pêcher 1000 poissons. En voulant en acheter plus, les villageois feront monter le prix du poisson jusqu'à 2 pièces d'or. Est-ce le poisson qui aura couté plus cher ? Non, c'est la monnaie (ici la pièce d'or) qui aura perdu de sa valeur.

Suite aux crises financières à répétition, les banques centrales ont émis beaucoup de monnaie sous différentes formes qu'il serait trop complexe d'expliquer ici. Cette monnaie a créé de l'inflation d'abord dans les actifs financiers (actions en bourse, etc.). Ensuite, l'inflation est apparue dans l'immobilier. Aujourd'hui, cette inflation est dans toute la société et touche tout le monde. Sans qu'ils ne le disent très fort, cela arrange bien les états fort endettés. S'ils ont emprunté 100 il y a quelques années, il vont devoir toujours rembourser 100 mais entretemps, avec l'inflation, les rentrées fiscales auront augmenté et l'argent vaudra moins. Pensez au gaulois du paragraphe précédent qui aurait emprunté 1 pièce d'or avant l'inflation, soit l'équivalent de son patrimoine. Après l'inflation, il ne devra rembourser que l'équivalent de la moitié de son patrimoine…

L'inflation liée à la politique monétaire est en réalité une taxation des gens ayant épargné. Leur épargne perd de la valeur tandis que la charge de dette des états diminue. C'est une manière déguisée de taxer l'épargne.

Même si les banques centrales ont l'air de savoir ce qu'elles font ; en réalité, personne ne sait prévoir quand commence l'inflation. Elles ont donc joué avec le feu pendant de nombreuses années en pensant contrôler la situation et aujourd'hui l'incendie est allumé. Y a-t-il moyen de l'éteindre ? Oui mais ce n'est pas facile et les conséquences sont toujours très dures pour la population.

A cette inflation monétaire s'est rajoutée une inflation importée qu'il n'était pas vraiment possible de prévoir. La rareté de l'énergie ou les difficultés d'approvisionnement dus aux problèmes géopolitiques font qu'avec la loi de l'offre et la demande, les prix de l'énergie explosent. Or l'énergie est à la base de tout. Tout ce que nous achetons, tous les produits et services contiennent de l'énergie. L'énergie est à mon sens la base de notre civilisation. Une augmentation durable et forte du coût de l'énergie impacte l'ensemble de la population car elle fait monter les prix de tout. Des prix de tout qui montent, c'est également de l'inflation. Y a-t-il moyen de lutter contre cette inflation ? C'est plus difficile car nous sommes tous dépendants d'autres pays pour nous approvisionner en énergie. Est-il possible de ne plus l'être ? Probablement mais là aussi il faudra poser des choix politiques difficiles et qui ne porteront leurs fruits qu'à moyen ou long terme.

Plutôt que d'attendre que la situation ne soit résolue par nos décideurs politiques, il faut que chacun s'adapte face à cette nouvelle situation. L'objectif de ce guide est de fournir des pistes pour y faire face.

HISTOIRE DE L'INFLATION

L'inflation est aussi ancienne que la monnaie. Les romains ont connu des périodes d'inflation quand ils mirent en circulation des pièces de cuivre, d'étain ou de plomb en remplacement des pièces d'or et d'argent (encore une illustration que l'inflation est un perte de valeur de la monnaie). Au 16e siècle, il y a une longue période d'inflation suite aux importations espagnoles d'or et d'argent du nouveau continent américain (ici aussi, cela explique la dévalorisation de la monnaie).

Il est à souligner que pendant de nombreux siècles, la monnaie était, sauf exception, toujours de l'or ou de l'argent. Cela avait l'avantage de faciliter le change : quelle que soit la figure du roi sur une pièce, ce qui importe c'est son poids en or et d'avoir une stabilité très forte. Tout cela a changé avec l'apparition des premiers billets de banque. Si ceux-ci étaient convertissables en or, pas d'inflation. Dès que les billets n'étaient pas ou plus convertissables, il y avait un risque d'inflation. Il y a donc eu constamment des phénomènes d'inflation dans différents pays à différents moments. Afin de remédier à cela, la plupart des pays ont adopté des lois obligeant la conversion des billets de banque en or (ce qu'on appelle l'étalon-or) dans le dernier quart du 19e siècle. Cela a été le début d'une période sans inflation. La première guerre mondiale a mis à mal cette situation. L'abandon de l'étalon-or a permis d'imprimer beaucoup d'argent pour payer les dépenses militaires. Ce qui a créé une forte inflation et ruiné les épargnants.

C'est après la première guerre mondiale que sont apparus les cas d'hyper inflation. En un an, les prix allemands ont été multipliés par 500 millions ! L'Allemagne ayant été obligé de donner presque toutes ses réserves d'or à la France pour payer les réparations, le mark ne reposait plus sur rien.

Chaque guerre ou crise importante a comme conséquence le retour de l'inflation. La dernière grave crise inflationniste connue est la conséquence de la crise du pétrole de 1973. En limitant la production de pétrole, les pays producteurs en ont fait augmenter le prix. Combiner à une politique monétaire laxiste des différents états, l'inflation est apparue et est restée longtemps.

A bien des égards, la crise de 2022 ressemble à celle de 1973. Pour ceux qui s'en souviennent, les prix augmentaient rapidement et les taux d'intérêts dépassaient largement les 10% annuels. Des crédits hypothécaires à 12 ou 15% étaient courants !

L'avantage d'avoir connu cela il y a quelques décennies est de nous permettre de nous inspirer des bonnes pratiques qui en avaient découlé, de les adapter au goût du jour et de les mettre en pratique.

L'INFLATION DANS LES ANNÉES 2020

Avec le retour de l'inflation viennent énormément de questions : l'inflation va-t-elle durer, va-t-elle augmenter, diminuer, risque-t-on une hyperinflation, etc.

Même les directeurs de banques centrales sont dans l'incapacité de prédire l'avenir. Il faut donc se préparer à tout sans non plus verser dans une paranoïa des scénarii les plus extrêmes. Il y a peu de risque d'hyperinflation dans la zone Euro ou aux USA. L'hyperinflation étant une inflation supérieure à 30 ou 50 % par an. Cet été 2022, nous voyons une inflation officielle d'une dizaine de pourcents. Nous en sommes donc très loin.

Il est à savoir que se prémunir complètement contre l'inflation est chose pratiquement impossible mais en réduire son impact est possible. Les conseils repris dans cet ouvrage sont également valable en dehors des périodes d'inflation forte.

Ceux-ci se résument à une analyse du risque, une préparation à différents scenarii et une gestion des risques mesurés.

PARTIE 2 - COMMENT SE PRÉPARER ?

Avant toute chose, vous devez faire une analyse de risques. Un terme qui peut paraître compliqué pour quelque chose que nous faisons tous sans en être toujours conscients. Concrètement, vous allez devoir vous poser des questions sur vos revenus, votre patrimoine et le risque qu'ils courent. Etes-vous susceptible de perdre une source importante de revenu (votre travail par exemple) ? Avez-vous investi votre épargne dans des actifs qui peuvent perdre de la valeur ? Si vous avez besoin d'argent, avez-vous de l'épargne disponible ? etc.

La meilleure manière de procéder est de faire un budget pour bien comprendre votre situation actuelle en terme de revenus, de dépenses et comment elle pourrait évoluer dans le futur. Il faudra également faire une liste de votre patrimoine.

A cela, il faut rajouter certaines bonnes pratiques et astuces à suivre qui permettent d'améliorer n'importe quelle situation financière.

LE BUDGET

Un budget sain est un budget où les rentrées sont plus importantes que les sorties. Cela parait trivial mais beaucoup de gens ne maitrisent pas l'entièreté de leur budget. S'ils ont une vague idée, ils oublient les imprévus, les dépenses irrégulières ou les investissements. Ce qui fait que lorsqu'une de ces dépenses arrivent, il sont pris au dépourvu.

Un budget sain doit donc être chroniquement en positif avec un dégagement d'épargne. Pour les budgets serrés, l'épargne peut être difficile. Mais même modeste, elle doit exister.

L'ennemi des budgets sont les imprévus ou les dépenses non récurrentes. Un appareil à acheter, une réparation à faire, une assurance annuelle, etc. peuvent mettre à mal tout budget bien ficelé. C'est pourquoi dans un budget, il faut faire une liste complète de toutes les dépenses (courantes, mensuelles, annuelles) ainsi que des achats importants qui peuvent être anticipés (tel équipement qui a déjà x années, tels travaux à faire, etc.).

Dans la partie des dépenses, je vous expliquerai comment optimiser les différents postes d'un budget en général mais surtout en période d'inflation.

Vous aurez compris que vous allez devoir faire un budget et

anticiper ce qui pourrait se passer dans les prochains mois et années. La manière de faire un budget peut être très simple. Sur papier, avec un tableur, aucune solution n'est mauvaise. Il faut que vous choisissiez celle qui vous convient le mieux.

Dans votre budget, je vous invite à faire une colonne par mois sur au moins les 12 prochains mois.

Sur les lignes horizontales, vous allez d'abord mettre tous vos revenus mois par mois. Pour ne pas en oublier, prenez vos extraits de banque des 12 derniers mois et inspirez-vous en. Il est important de bien reprendre les revenus annuels (prime de fin d'année, pécule de vacances, bonus, bourse, allocations annuelles, etc.)

Quand toutes les rentrées sont mises dans votre tableau, passez aux dépenses. Faites de même que pour les revenus, prenez vos extraits de banque afin d'être le plus exhaustif possible. Il est important de faire une ligne par type de dépense détaillée. Ex : une ligne pour l'assurance habitation, une pour l'assurance familiale, une pour l'eau, une pour l'électricité, une pour le gaz, etc.

Vous aurez sans doute beaucoup de lignes mais c'est une condition pour avoir une visibilité exhaustive pour la suite.

Quand l'ensemble des revenus et des dépenses est repris dans votre budget, la différence entre le les deux constitue votre épargne.

Un budget bien fait vous apportera de la visibilité et une anticipation qui permettra de rassurer les plus angoissés.

Vous avez fait votre budget et vous pensez en avoir fini ? Détrompez-vous, il reste encore de l'information à rajouter.

LES DÉPENSES

Dans votre budget, vous devez séparer vos dépenses indispensables des autres.

Les dépenses indispensables sont celles qui ne peuvent jamais être totalement supprimées. Ex : un emprunt hypothécaire, un crédit à rembourser, une pension alimentaire, etc. Il est possible de les diminuer mais cela implique parfois de grands changements : déménager, vendre un bien, renégocier un contrat de crédit hypothécaire, etc.

D'autres dépenses indispensables sont l'énergie, l'eau, la nourriture, les dépenses de santé ou l'éducation. Selon votre cas personnel, il se peut que vous ayez d'autres dépenses indispensables que celles citées. Identifiez-les clairement dans votre budget par une couleur ou autre.

Ensuite, vous devez les regrouper en catégories :

Toutes celles qui relèvent de l'habitation : loyer, remboursement hypothécaire, charges, assurances habitation, dépenses courantes d'entretien, etc.

Toutes celles qui relèvent de l'alimentation : achats de nourriture et de boissons mais pas les restaurants qui doivent être dans loisirs.

Toutes celles qui relèvent des transports : remboursement de crédit et assurances pour véhicules, abonnement de transports en commun, carburant, etc.

Toutes celles qui relèvent de l'eau et de l'énergie : eau, électricité, gaz, mazout, bois, etc.

Toutes celles qui relèvent des loisirs : loisirs, hôtels, restaurants, billets d'avion et de train qui en relèvent, etc.

Toutes les dépenses de santé : médecin, hôpitaux, pharmacie, etc.

N'hésitez pas à créer une ou plusieurs catégories supplémentaires.

Maintenant que toutes les dépenses sont reprises dans un budget, nous verrons plus loin comment, dans la mesure du possible, les diminuer.

LES REVENUS DU TRAVAIL

En période d'inflation, si vos revenus n'augmentent pas avec l'inflation, vous allez voir vos dépenses augmenter et vos revenus stagner. Cet effet de ciseaux peut être dévastateur pour votre situation financière.

Certains pays dont la Belgique et le Luxembourg ont institué une indexation automatique des salaires. Toutefois, cela ne se fait pas en continu et donc pendant plusieurs mois, l'écart peut se creuser jusqu'à son comblement.

Contre-intuitivement, les salaires des pays sans indexation automatique suivent une croissance similaire à ceux disposant de ce mécanisme. Pourquoi ? Car, des augmentations salariales y ont lieu de manière périodique. Il vous appartiendra donc de demander des augmentations salariales afin que vos revenus suivent au minimum l'inflation. Si votre patron vous propose une augmentation de 5% alors que l'inflation est 10%, votre salaire aura en fait diminué. 5 ans de ce régime et votre salaire aura pratiquement baissé de 25 % !

Attention qu'en France une mention d'indexation automatique du salaire annule le contrat de travail ! Donc, s'il ne la propose pas de lui-même., vous devrez demander une augmentation à votre employeur.

Le problème de l'indexation est qu'elle ne couvre pas les avantages extra-salariaux. Les titres-repas, chèques divers, bonus, primes ou remboursement de frais ne sont pas indexés. Il vous appartiendra de négocier cela lors d'une demande d'augmentation.

Si vous êtes travailleur indépendant, rien ne vous empêche de mettre une clause d'indexation dans vos contrats de prestation. A vous de rattacher l'indexation à un indice et d'en définir la périodicité et le mode de calcul.

L'INCERTITUDE

Nous venons de voir comment négocier une meilleure protection des revenus du travail contre l'inflation. Mais si votre travail est carrément supprimé par une restructuration ou une crise, la négociation sera inutile.

Il est donc important que vous mesuriez le risque de perdre votre source principale de revenu. Ici deux niveaux d'analyse sont indispensables : la probabilité que votre employeur disparaisse et le risque que votre poste n'existe plus.

Pour ce faire, il faut commencer par vous intéresser à votre employeur. Quelle est sa situation financière, y a-t-il des signes d'inquiétude au niveau du management ? Quelques signes sont des retards de paiement de fournisseurs, des réductions multiples du budget, des licenciements... A vous de vous intéresser à votre employeur et de prévenir les signes inquiétants. N'hésitez pas également à poser des questions. Si votre employeur voit la chose d'un mauvais œil, soyez méfiants car un employé qui s'inquiète de son entreprise est plutôt un signe d'implication qui devrait être vu positivement par l'employeur.

N'hésitez pas à analyser ou faire analyser les bilans de votre employeur et de vous intéresser également aux évolutions internes en terme de vente, de clients, de retour du marché.

L'autre point est plus complexe car il s'agit de mesurer votre position au sein de votre employeur. Votre poste, votre emploi sont-ils à risque ? Que valez-vous sur le marché ? N'y a-t-il pas un risque que, malgré la bonne santé de votre employeur, il ne se sépare de vous ?

Pouvoir jauger de la situation de son employeur ou de sa propre position est un atout dans tous les cas. Cela permet de mieux mesurer l'incertitude économique, de se rendre compte de sa valeur et parfois même de saisir des opportunités en quittant son employeur au moment opportun pour un meilleur job ou une entreprise moins risquée.

Si malgré tout, vous êtes dans une position à risque, il est temps de limiter vos dépenses à l'indispensable et d'augmenter ainsi votre épargne pour faire face à un imprévu (qui l'est déjà moins).

PARTIE 3 – COMMENT AGIR ?

COMMENT AGIR SUR LES DÉPENSES

Autant il est difficile de faire évoluer ses revenus, autant il est possible d'agir sur les dépenses. C'est ce que nous allons voir maintenant. Comment mieux gérer ses dépenses, les limiter ou les réduire surtout en période d'inflation et éventuellement même gagner de l'argent ? La plupart des recommandations sont valable de tout temps, d'autres sont particulièrement valables en cas d'inflation.

Première règle en période d'inflation : bloquer les prix le plus longtemps possible de tout ce que l'on achète. Signez systématiquement des contrats longs avec vos fournisseurs en échange d'un prix fixe ou carrément d'un paiement à l'avance. En outre, si l'inflation vient à s'arrêter avant l'échéance du contrat, les lois de protection du consommateur vous permettront la plupart du temps de rompre le contrat unilatéralement. Il faudra toutefois vérifier si c'est le cas pour chaque contrat.

Passons en revue certains types de dépenses qui peuvent être optimisés :

- Abonnements : tous les mois, de l'argent sort pour des abonnements. Sont-ils tous utilisés ? Sont-ils tous réellement indispensables ? Un abonnement plus petit ne serait-il pas suffisant ? Profitez des lois de protection

des consommateurs pour résilier certains contrats que vous estimez dispensables.
- Les dépenses du quotidien ? N'y a-t-il pas de place à de l'optimisation ? Consommer mieux, changer de magasin afin de réduire les coûts ?
- L'utilisation de comparateurs de prix permets d'économiser pas mal d'argent. Faire le plein à une station moins chères peut faire économiser plusieurs euros à chaque plein.

La recherche de prix avantageux doit donc devenir une règle. Achetez un produit ou un service et pas une image, un environnement ou un bel emballage. Comparez en permanence les prix sans jamais vous fier à un magasin ou un site qui aurait soi-disant toujours les meilleurs prix. N'hésitez pas à visiter des sites étrangers pour vos achats. Qui sait qu'Amazon Allemagne est souvent moins cher qu'Amazon France pour le même produit ?

La vitesse se paie. Un même produit peut coûter plus cher s'il est envoyé d'Europe que d'Extrême-Orient mais le temps de livraison sera en conséquence du prix.

Maintenant que vous savez que la comparaison et la patience sont vos meilleurs atouts pour économiser de l'argent, voyons comment limiter l'augmentation, voire comment faire baisser vos dépenses.

COMMENT AGIR SUR LES DÉPENSES INDISPENSABLES

Le plus gros poste de dépenses des ménages est l'habitation. Que vous soyez propriétaire ou locataire, le loyer ou un remboursement de crédit est une grosse partie de votre budget indispensable. Est-il possible de les réduire ?

Nous allons mettre dans les dépenses d'habitation, les charges de location ou de remboursement de crédit hypothécaire, les fournitures d'énergie ainsi que les assurances.

Si vous êtes propriétaire et que vous avez contracté un emprunt, vous avez soit un emprunt à taux fixe ou à taux très faiblement variable. Si vous désirez toutefois diminuer vos remboursements pour donner plus de budget à d'autres dépenses, il existe plusieurs possibilités : rallonger la durée de votre crédit voire demander une pause dans le remboursement dudit crédit. Cela ne fera que postposer ou allonger le remboursement mais pourra vous permettre de passer une crise avec plus de douceur. Si votre contrat permet l'allongement au même taux, c'est une possibilité à ne pas négliger car plus vous remboursez dans le futur, plus vous allez rembourser avec de l'argent qui aura perdu de la valeur. Donc, vous serez gagnant, même si l'inflation s'arrête dans quelque temps.

Attention toutefois à bien mesurer le coût de tout changement afin que votre gain immédiat ne soit pas trop faible par rapport à un surcoût global trop important. Des changements de contrat impliquent souvent des frais de dossiers, voire une révision de votre hypothèque. Dans ces cas, le jeu n'en vaut pas souvent la chandelle.

Si vous êtes locataire, il va être difficile de demander une baisse de loyer en période d'inflation. Mais rien ne coûte d'essayer et de demander à votre bailleur de faire un effort sur une non indexation ou sur une indexation inférieur à ce qui est permis. Négocier en faisant valoir les atouts de vous avoir comme locataire. Des paiements réguliers et des petits services rendus au propriétaire peuvent être des arguments faisant mouche. Si vous obtenez déjà une non indexation de loyer, vous aurez finalement déjà bien gagné.

Soyez toutefois attentifs qu'une non indexation d'une année peut être rattrapée l'année suivant. Ex : imaginons un loyer de 1000 qui doit augmenter de 10 % cette année et de 10 % l'année prochaine, si votre propriétaire n'indexe pas cette année, vous payerez toujours 1000 mais l'année prochaine, vous paierez 1210. C'est un point également que vous pouvez aborder avec votre propriétaire lors de votre négociation.

Concernant les fournitures d'énergie, de grosses économies peuvent être faites si on change opportunément de fournisseur de gaz de ville et/ou d'électricité. Lorsque vous contactez un fournisseur potentiel, ne vous fiez pas à ses estimations qui sont calculées parfois de manière « créative » mais demandez toujours le prix au KWh ou au m³. Comparez bien toujours des choses comparables. Vous devez également bien comprendre le calcul qui est fait et d'où vient le gain potentiel. Prenez le temps de la réflexion en faisant fi de la pression du vendeur.

Que vous soyez locataire ou propriétaire, votre logement doit être assuré. Là aussi, comparez différentes compagnies et courtiers et ne prenez pas d'options dont vous pensez ne jamais avoir besoin. Pour les locataires, vous pouvez également demander à votre propriétaire d'assurer la partie « occupant » et de vous refacturer la différence. Cela reviendra toujours moins cher que deux assurances chacun de son côté. Il y a toutefois des points à éclaircir avec votre propriétaire si un sinistre a lieu : quelle est la franchise, qui la paie et à partir de quel moment vous ferez intervenir l'assurance ?

En tant que propriétaire, vous devez assurer la reconstruction de votre bien en cas de sinistre. Soyez attentif avec l'évolution des prix de construction liée à l'inflation si votre assurance est toujours suffisante. Il serait dommage qu'un sinistre important détruisant votre immeuble ne soit pas suffisamment indemnisé.

Tant que vous êtes dans les assurances, vérifiez que vous n'avez pas de double couverture sur l'ensemble de vos assurances ou de couverture qui ne vous sont plus nécessaires. Un bon courtier doit faire cela pour vous de manière régulière. Si ce n'est pas le cas, demandez-lui et en cas de non-réaction, n'hésitez pas à changer de courtier.

LES CRÉDITS HYPOTHÉCAIRES

Le cas des crédits hypothécaires est plus spécifique et plus complexe. Par facilité, la plupart des emprunteurs préfèrent emprunter à taux fixe. Pourtant, c'est une erreur. Les emprunts à taux variable sont souvent un bon choix pour les raisons suivantes : les taux sont plus bas au moment de la signature. La hausse des taux peut être capée (limitée à un maximum) ou l'est directement par la loi.

En période d'inflation, il faut distinguer si on se situe avant une hausse de taux ou après. Si on se situe avant, il vaut mieux partir sur un taux fixe quitte à faire un nouveau crédit plus tard et casser le contrat existant avant son échéance si les taux baissent. Si on se situe après une hausse des taux, il vaut mieux opter pour du variable pour en profiter. Comment savoir si les taux vont monter ou baisser est difficile à prévoir. Mais une règle simple est souvent efficace : les taux sont définis par les banques centrales. Celle-ci monte ou baisse les taux en fonction de l'inflation. Donc, si vous entendez que le taux d'inflation continue de monter, il y a beaucoup de chance que les taux bancaires montent dans le futur. Si par contre, vous entendez que le taux d'inflation baisse, il y a peu de chance que la banque centrale monte encore plus les taux. Il est même possible qu'elle commence à les baisser. Un autre indice est si une banque centrale étrangère importante monte ses taux, la vôtre finira par suivre tôt ou tard. Si vous êtes en zone Euro et que la banque centrale américaine monte ses taux, la BCE suivra certainement à un moment.

Lorsque les taux sont très hauts (des pays européens ont des taux aux alentours de 10% annuels !), des banques proposent parfois des produits créatifs pour faire baisser les taux. Ils proposent par exemple des crédits liés à une monnaie plus stable. Imaginons que les taux des crédits hypothécaires en zone Euro sont à 5% et ceux en francs suisses sont à 2 %. Une banque pourra vous offrir un crédit lié au franc suisse à 2%. Le problème est que le remboursement sera également lié au franc suisse. Avec une inflation forte en EURO et faible en Suisse, le franc suisse prendra de la valeur par rapport à l'euro. Donc, il vous faudra plus d'euros pour rembourser le même montant en franc suisses. Vous aurez donc à payer un taux réel en euros supérieurs aux 2 % annoncés.

Pour éviter de se faire piéger par ce type de contrat, suivez ces deux règles :

Première règle : vos charges et engagements financiers (emprunts, contrats etc.) doivent être dans la même monnaie que vos revenus. Si vous ne respectez pas cette règle, vous vous exposez à un risque de change qui peut vous couter très cher.

Deuxième règle : ne prenez jamais d'engagements que vous ne comprenez pas totalement. Lisez les brochures et contrats que l'on vous présente et n'hésitez pas à vous faire conseiller par quelqu'un de neutre et ayant l'expertise suffisante en la matière. Comme déjà dit plus haut, prenez toujours le temps de la réflexion et n'hésitez pas à poser des questions au vendeur. Aucune question n'est ridicule et en tant que client, vous avez le droit à être informé.

LES DÉPENSES D'ALIMENTATION

Le deuxième poste de dépenses dans un ménage est l'alimentation.

Bien manger est important et peut vite être une source de dépenses importantes. Et pourtant quelques astuces peuvent vous faire économiser beaucoup d'argent.

Evitez les achats impulsifs et ne soyez pas victimes du marketing. Faire des listes pour les courses ou commander online est le meilleur remède pour éviter ces achats impulsifs. Il faut également comparer les prix par volume. Les family pack plus cher au kg que les emballages normaux ne sont pas une légende ! Ne privilégiez pas non plus le beau magasin au bel éclairage qui vous donne envie d'acheter le produit que vous n'aviez pas prévu d'acheter.

Donnez la préférence aux produits non transformés. Certes, cela vous donnera plus de travail pour cuisiner ce que vous achetez mais les économise en valent la peine. Sans parler des effets sur la santé. Ex : pour le prix d'un litre de soupe en carton ou en bouteille, vous pouvez avoir plus du quintuple de soupe faite maison. Ce constat est valable pour la plupart des produits transformés, même si dans de proportions différentes.

Ne privilégiez pas spécifiquement certaines marques. Vérifiez plutôt les ingrédients et les qualités gustatives de ce que vous achetez.

Quand vous cuisinez, essayez de faire du batch cooking pour la semaine et ensuite congelez ou emballez sous vide. Choisissez des produits de saison et n'hésitez pas à aller au marché, c'est souvent moins cher.

Si vous avez le temps, achetez en fin de journée quand il y a des prix réduits pour les produits proches des dates limite de vente. Il existe même des applications qui permettent d'être avertis de la disponibilité de ces produits.

Toutes ces astuces peuvent faire baisser vos dépenses de nourriture de quelques dizaines de pourcent.

LES DÉPENSES DE TRANSPORT

Le troisième poste de dépenses dans un ménage est le transport, surtout si on a une ou plusieurs voitures. Vu les délais de livraison des voitures neuves et le prix stratosphériques des véhicules d'occasion, la meilleure option sera de conserver et de maintenir au mieux le ou les véhicules en votre possession. Si toutefois, le remplacement d'un véhicule est indispensable, faites jouer la concurrence au maximum pour un véhicule neuf et surtout faites-vous garantir le délai de livraison avec pénalités ou voiture de remplacement à la clef. Pour un véhicule d'occasion, si vous voulez économiser de l'argent, optez pour un véhicule moins demandé (marque, modèle, couleur ayant moins de succès).

Pour le carburant, utilisez au maximum les applications ou site de comparaison de prix afin de faire le plein au moins cher. En terme de qualité, tous les carburants se valent car ils proviennent souvent des mêmes raffineries. Donc, comparez et anticipez : évitez le plein sur l'autoroute si vous avez une petite pompe accessible qui vous fera économiser une dizaine d'euros sur un plein. L'autre option pour économiser sur le carburant est le style de conduite. En baissant légèrement votre vitesse et en adoptant une conduite très souple (faibles accélération et freinage), vous pourrez économiser un pourcentage non négligeable de carburant. Les deux combinés, vous pouvez économiser jusqu'à 20 ou 25 % de dépenses en carburant. En outre, une conduite très douce vous fera économiser votre véhicule (pneus, freins et autre usure).

Les transports en commun peuvent également coûter fort cher. Avec l'inflation, le risque de voir leurs prix augmenter est grand. Privilégiez dès lors les abonnements annuels pour bloquer le prix sur au minimum 12 mois. Il en va de même pour les tickets individuels de transport. N'hésitez pas à en faire un petit stock tout en faisant attention à leur durée de validité.

Le train est un mode de transport très onéreux avec des monopoles bien établis qui alourdissent encore le prix. Comparer et réserver longtemps à l'avance sont les seules pistes pour faire baisser les dépenses.

Concernant l'avion, les prix sont appelés à grimper pour différentes raisons : inflation, manque de personnel navigant, taxes à venir sur les émissions de CO_2... Les règles déjà prescrites sont à suivre scrupuleusement : utiliser des outils de comparaison, réserver longtemps à l'avance et bien choisir sa destination. Si vous avez de la souplesse, vous pourrez peut-être choisir une destination moins demandée et donc beaucoup moins cher.

LES DÉPENSES D'ÉNERGIE

Le quatrième poste le plus important des budget est l'énergie : gaz, mazout, électricité, bois, …

En période d'inflation comme actuellement, les coûts de l'énergie explosent, il se pourrait donc bien que ce poste passe en troisième ou deuxième position dans nos budgets. Donc, la seule manière de diminuer son exposition à ces coûts est de baisser sa consommation. Plus facile à dire qu'à faire mais il n'y a pas beaucoup d'alternative.

Il faut chauffer le moins possible et uniquement quand c'est nécessaire. Un thermostat intelligent peut aider. La cuisine est également un gros poste. Des appareils peu consommateurs, du batch cooking et de l'optimisation (frigo et congélateur bien rangés sans rien d'inutile, congélateur dégivré, lave-vaisselle uniquement quand il est plein, etc.) permettent de grapiller quelques pourcents de consommation.

Des interrupteurs intelligents qui coupent la lumière quand il n'y a personne ou qui coupent des machines quand on ne les utilisent pas vont contribuer à diminuer les consommations.

Si vous en avez la possibilité, produisez votre propre électricité avec des panneaux solaires. Vous devrez alors adapter votre consommation à vos pics de production mais votre installation sera amortie très rapidement. Vous pouvez également récupérer l'eau de pluie pour vous laver, faire la lessive, les chasses d'eau ou arroser. Bien évidemment ne jamais la boire, cuisiner ou faire tourner le lave-vaisselle avec cette eau ! De précieux mètres cubes et donc euros pourront être économisés de cette manière.

Il en va de même pour l'isolation. Si vous avez l'opportunité d'isoler votre habitation contre le froid et la chaleur, votre investissement pourra être plus ou moins rapidement amorti. Il faut toutefois faire le calcul car, contrairement aux panneaux solaires, la rentabilité n'est pas systématique. Ex : si vous devez dépenser EUR 45000 pour isoler votre maison et que vous économisez 50 % d'une facture annuelle de EUR 3000, il vous faudra 30 ans pour amortir les travaux. Donc, il faut toujours bien calculer. Mais en période de forte inflation, votre amortissement sera peut-être plus rapide car les dépenses du futur augmenteront alors que votre investissement actuel ne bougera plus. De plus, si vous arrivez à financer vos travaux par un crédit à taux encore relativement bas, vous le rembourserez avec de l'argent dévalué par l'inflation.

Si vous pouvez stocker votre énergie de chauffage (mazout, citerne à gaz, bois, etc.), en période d'inflation, bloquez le prix en commandant à l'avance et de préférence hors saison. N'hésitez pas à grouper votre commande avec des voisins et négociez un meilleur prix.

Comme dit plus haut, pour les contrats d'approvisionnement, privilégiez en période d'inflation les prix fixes et les contrats longs. Selon la législation de votre pays, vous pourrez certainement les couper prématurément si les prix repartent à la baisse et faire jouer la concurrence à tout moment. Pensez bien à comparer des prix au kWh ou des prix au volume et ne vous contentez pas des simulations faites sur base de votre dernière facture.

Les dépenses d'énergie sont le challenge actuel et sans avoir de solution miracle, il est possible de limiter les dégâts en adaptant les équipements et en changeant légèrement ses habitudes de vie.

LES DÉPENSES DE CONFORT

Optimiser les charges de confort peut sembler superflu mais peut en réalité booster votre pouvoir d'achat. Comme déjà répété à maintes reprise, l'anticipation et la comparaison en sont les deux éléments-clefs. Les achats impulsifs et les coups de tête vous feront généralement perdre l'argent. A contrario, saisir une opportunité vous en fera gagner. Vous passez devant une boutique où un objet que vous n'aviez pas prévu d'acheter vous fait de l'œil. Si vous l'achetez sans connaître réellement si vous en avez besoin ni sa valeur, vous risquez de faire une dépense inutile ou pas au meilleur prix. Par contre, si vous passez devant un magasin où un article que vous avez prévu déjà d'acheter est proposé à de super conditions, là, il s'agit d'une opportunité qu'il ne faut pas rater.

Avant tout achat, posez-vous la question de votre besoin. Cet objet est-il réellement nécessaire, a-t-il les caractéristiques qui vont satisfaire votre besoin ? Une fois que vous êtes sûrs, comparez différents fournisseurs, online et offline. Pourquoi ne pas envisager de l'acheter de seconde main ? Beaucoup de gens achètent énormément de choses dont il n'ont pas vraiment besoin. Ensuite, ils les revendent à une fraction de leur prix pour s'en débarrasser. Soyez malins et sachez profiter de ces opportunités.

Il en va de même pour les objets que vous avez achetés et qui vous encombrent. Faites un nettoyage par le vide et revendez les objets qui trainent dans vos armoires et qui ne sont pas utilisés. Vous gagnerez de la place et augmenterez votre budget. De plus, en période d'inflation, vous pourrez souvent les vendre à un bon prix, surtout comparé au prix que vous avez payé par le passé pour ceux-ci.

ET SI TOUT ÇA NE SUFFIT PAS ?

Si vous avez lu tout ce qui précède de ce livre, vous avez compris l'importance d'un budget pour mesurer vos recettes et vos dépenses. C'est un outil indispensable pour toute personne soucieuse de ses finances.

Maintenant que vous avez fait votre budget représentant la réalité; avec vos recettes et dépenses actuelles, vous devriez réfléchir à comment votre budget devrait être dans le futur. Il est important de se définir des objectifs. Ces objectifs peuvent être différents et dépendent de votre situation : un budget à l'équilibre, un certain niveau d'épargne, une capacité d'investissement, une moindre dépendance à une source de revenu, etc.

Il y a quelques règles générales qui peuvent vous aider à définir des objectifs. L'américaine Elisabeth Warren, spécialiste de la faillite personnelle, a défini une règle simple à retenir : la fameuse règle 50-30-20 : 50 % de vos revenus doivent aller dans les dépenses indispensables, 30 % dans des dépenses de confort et 20 % en épargne.

Pour les revenus plus élevés, je préconise une autre règle : un montant fixe mensuel réservé aux dépenses indispensables, un autre montant fixe pour les dépenses de confort et tout le reste en épargne. Si vos revenus varient dans le temps, votre épargne sera la variable d'ajustement.

Entre la théorie et la pratique, il y a évidemment des différences et certains n'arriveront pas à dégager 20 % d'épargne. Pourtant, c'est indispensable. Car, c'est cette épargne qui vous permettra de faire face à des investissements indispensables ou des imprévus.

Si après analyse, votre budget ne rentre pas dans cette répartition, il va falloir prendre des décisions fortes et importantes. Si vos dépenses indispensables dépassent 50 % de vos revenus et que vous ne voyez pas de possibilité de les faire baisser avec de petites astuces, vous devez vous poser la question de votre train de vie.

Le plus gros morceau de votre budget étant normalement l'habitation et le transport, vous devez repenser votre mode de vie. L'habitation et le transport sont intimement liée car la position géographique est un facteur important en immobilier et la localisation de votre habitation par rapport à vos obligations professionnelles et familiales a un impact immense sur les coûts de transport.

Réduire ce budget implique des questions primordiales : habiter plus proche de tout afin de réduire ses dépenses de transport ? habiter plus loin mais moins cher et dépenser plus en transport ?

En période d'inflation, il est préférable de privilégier la localisation qui vous fera économiser en frais de transport. En effet, le coût d'habitation est certes soumis à l'inflation mais si vous achetez, vous bloquez le prix une fois pour toute. Si vous louez, vous bloquez le loyer en prix réel (c'est-à-dire augmenté de l'inflation) le temps du bail mais vous évitez les hausses de marché qui peuvent être plus fortes que l'inflation. Surtout, vous évitez les hausses de coûts de transport qui sont plus volatiles et risquent d'augmenter fortement dans les prochains années de par les taxes écologiques qui ne font qu'augmenter. Vous pourrez même peut-être éviter la possession d'une ou plusieurs voitures, ce qui en terme d'économies a un impact très important.

Privilégiez aussi les habitations plus petites mais bien isolées : elles vous couteront beaucoup moins en énergie.

Si votre budget est vraiment très serré, envisagez de nouvelles formes d'habitation : la colocation ou le coliving ont un impact très positifs sur les budgets. Regardez également au niveau des aides publiques ce à quoi vous avez droit pour augmenter vos revenus.

Quelque soit votre choix, vos dépenses d'habitation doivent rester dans une proportion raisonnable de votre budget afin que vos dépenses indispensables ne dépassent pas 50% de vos revenus. Vous devez en faire votre priorité.

Votre train de vie doit suivre vos revenus. Si vos revenus baissent, votre budget doit s'adapter rapidement. La transition sera financée par votre épargne. Viens donc la question suivante : comment épargner ?

Comment dégager une épargne alors que ça semble impossible ?

Nous avons vu de multiples pistes pour adapter vos dépenses à vos revenus afin de maintenir un budget équilibré.

ET SI VOUS ENVISAGIEZ D'AUGMENTER VOS REVENUS ?

Il y a plusieurs moyens d'augmenter ses revenus : travailler plus ou augmenter ses revenus par temps de travail. Si vous gagnez EUR 20 de l'heure et que vous travaillez 40 heures par semaines, vous aurez EUR 800 de revenus. Si vous travaillez 8 heures en plus par semaine, vous aurez EUR 160 de plus. Mais si vous êtes payés EUR 24 de l'heure, vous aurez aussi EUR 160 de plus sans travailler plus.

Avant d'envisager une augmentation, vous devez bien connaître le marché du travail et votre valeur sur le marché. Même si vous n'avez pas envie de changer de travail, renseignez-vous sur les évolutions salariales d'un poste comme le vôtre. Pour ce faire, il existe de multiples études, comparatifs, barêmes, etc. N'hésitez pas à postuler ailleurs pour vous renseigner sur les offres existantes. Cela peut également vous mettre en confiance pour demander une augmentation à votre job actuel.

L'autre possibilité est d'évoluer dans votre travail actuel. Vous avez acquis de l'expérience, peut-être pouvez-vous également apprendre de nouvelles choses, suivre des formations pour changer de position et prétendre à une augmentation salariale.

Une autre possibilité est de demander à votre employeur de

réduire votre temps de travail tout en gardant votre rémunération ou éventuellement en échange d'une faible baisse de votre rémunération. Avec le temps gagné, vous pouvez cumuler une autre activité rémunératrice qui réduira votre risque (si vous perdez votre job, vous conservez au minimum un certain revenu) et vous permettra d'augmenter vos revenus. De plus en plus de contrat de type flexible sont proposés sur le marché pour quelques heures par semaines ou par mois. Tout ceci sont des opportunités d'augmenter vos revenus.

COMMENT GAGNER DE L'ARGENT AVEC L'INFLATION ?

Si vous vous rappelez, l'inflation n'est pas l'augmentation des prix mais la perte de valeur de l'argent. Donc, la première règle pour ne pas perdre de l'argent est garder le moins possible d'argent.

Les premiers investissements que vous devez faire sont les dépenses que vous devrez de toute façon faire dans un futur proche. Achetez ce que vous savez consommer dans les prochains mois et stockez. Commencez par tout ce qui coûte cher dans votre maison. Vous vous chauffez au bois ou au mazout ? Faites le plein de la citerne ou stocker quelques stères de bois ou de pellets. Ensuite, y a-t-il d'autres investissements que vous envisagez (achat ou renouvellement d'équipements). C'est le moment de changer votre lave-linge, votre chaudière ou votre chauffe-eau par exemple. De plus en changeant ces équipements, optez pour des modèles moins gourmands en énergie qui vous feront économiser de l'argent. En outre, s'ils sont toujours en état de fonctionnement, ils ont une valeur sur le marché de l'occasion.

Anticipez également d'autres dépenses : voyages, vacances. Achetez vos billets d'avion ou de train le plus longtemps possible à l'avance. Idem pour les hôtels. Ceci vous permettra de bloquer le prix et d'éviter une possible augmentation.

Parfois des produits de consommations coûtent cher et peuvent être stockés facilement pendant longtemps. Cosmétiques, lessive, etc.

Des services peuvent également être « stockés ». Est-il possible de passer vos abonnements en annuel en échange d'un prix bloqué ou carrément d'un prix discount ? Un abonnement annuel pour les transports en commun coûte toujours moins cher que du mensuel.

Ceci dit, votre maison n'a pas vocation à devenir un centre de stockage. Donc, ne dépassez pas le raisonnable et pensez aux dates de péremption de ce que vous achetez.

S'il vous reste des liquidités après avoir anticiper le maximum de dépenses, il va falloir songer à les investir afin de les protéger de l'inflation et même à générer un rendement.

LES REVENUS DU CAPITAL ET L'ÉPARGNE

Ne pas garder son argent sur un compte est plus facile à dire qu'à faire. En quoi l'investir ? Matières premières, immobilier, actions, obligations, crypto, … ? Et dans chaque catégorie, que choisir ?

Il faudrait un long ouvrage très complexe pour aborder ce sujet de manière exhaustive. Malgré tout, il y a trois règles à toujours suivre avant d'investir.

1. N'investissez que dans des choses que vous comprenez
2. Ne mettez jamais tous vos œufs dans le même panier
3. Pour augmenter le rendement de votre épargne, il faut accepter de prendre plus de risques

Une fois ces trois règles respectées, vous devez vous poser encore plusieurs questions :

1. Quand aurez-vous besoin d'utiliser votre épargne ? A tout moment en cas de coup dur, dans quelques mois quand vous aurez un achat conséquent à faire, dans quelques années ou dans plusieurs décennies pour votre retraite ?
2. Etes-vous prêt à travailler pour faire fructifier votre argent ou préférez-vous un investissement qui ne vous demande aucune gestion ?

Certains investissements protègent naturellement de l'inflation : l'immobilier, les obligations indexées et les matières premières. Si votre épargne est faible, il existe des fonds pour ce type d'investissement sans que la mise de départ en soit fort élevée.

Si votre budget est bien équilibré, vous devez pouvoir économiser une somme fixe mensuellement. Celle-ci pourra alors être investie automatiquement dans les produits susmentionnés. Une épargne ainsi constituée permet de lisser les mouvements de marché et démontrera également une capacité d'épargne bien utile le jour où vous aurez besoin d'un crédit pour un investissement plus conséquent.

CONCLUSION

L'inflation est une chose difficile à appréhender et sur laquelle nous avons peu de pouvoir. Les seuls manières de ne pas en être victime sont de l'éviter en conservant un minimum de liquidités et en faisant varier les revenus au même rythme que l'inflation.

Un budget bien géré est toujours bénéfique et l'est encore plus en période d'inflation. C'est la base pour générer une épargne toujours indispensable. Celle-ci devra être investie intelligemment pour vous assurer en cas d'imprévu ou de baisse soudain ou chronique de vos revenus.

www.ingramcontent.com/pod-product-compliance
Lightning Source LLC
Chambersburg PA
CBHW050316220526
45465CB00005B/2016